YO MORÍ ANOCHE

YO MORI ANOCHE

JOHN ORR

© 2015 por John Orr

Todos los derechos están reservados. Ninguna parte de esta publicación puede ser reproducida, guardada en un sistema donde se pueda recuperar, o transmitida de ninguna manera; o por ningún medio sin el previo permiso por escrito del autor. La única excepción es citas breves en reseñas impresas.

Traducido por Diana Harmon

ISBN-10: 1941972721
ISBN-13: 978-1941972724

Número de control de la Biblioteca del Congreso: 2015937199

Publicado por Start2Finish Books
PO Box 680, Bowie, Texas 76230
www.start2finish.org

Impreso en Los Estados Unidos de América

Diseño de la portada: Josh Feit, Evangela.com

Arte gráfico por Stewart Yeakely. Usado con permiso.
Todos los derechos están reservados.

A menos que de otra manera sea notado, todas las citas de las escrituras son de la Santa Biblia, la versión en inglés estándar 2001 (Standard Version®, copyright © 2001) por Crossway Bibles, un ministerio de publicación de Good News Publishers, Usado con permiso. Todos los derechos están reservados. (En la versión en español de este libro se usó La Santa Biblia, Version Reina-Valera")

ÍNDICE

La introducción	7
El despertar	12
El elogio	15
El rey y yo	19
El demonio	22
La ira	25
La bestia	31
La luz	36
La súplica	43
El llanto y el crujir de dientes	47
Lo que falta	53
El suceso	57
El principio del fin	63
La conclusión	69

LA INTRODUCCIÓN

Cada día, 150.000 almas son lanzadas en la eternidad. Algunas aun pudieran morir en un hospital; o en la comodidad de su propio hogar. Otras podrían morir en accidentes o de cualquier otro número de males, casualidades, y enfermedades. El hecho es que todos morimos. La verdadera pregunta es, ¿Qué viene después de la muerte?

Cuando morimos, hay una fuente de energía que deja el cuerpo. Es el alma dejando el receptáculo mortal y que va... ¿Adónde? ¿Adónde va?

Están aquellos quienes piensan que será reencarnada; mientras que otros, creen que será absorbida en el universo. Aun algunos dicen que no pasará nada; o peor, que el alma se quemará o se disolverá. Si cree en Jesucristo, sin embargo, sabe que hay solo dos destinos posibles para su alma si se muriese ahora mismo.

La historia que va a leer ahora es sobre un oficial de iglesia conservador quien murió pero terminó en el lugar equivocado. Aunque ésta es una historia ficticia, es basada en inferencias de la escrituras; del castigo eterno para los inicuos. Verá la eternidad a través de otros lentes. La jornada será perturbadora e inquietante.

Jesús es la única persona quien caminó en la tierra y quien sabía de la gloria del Paraíso y de la desesperanza del Infierno. Lucas escribió un evento del cual Cristo fue testigo que revela la recompensa del alma fiel y la devastación del inicuo. Están aquellos quienes consideran ese evento ser un poco más que una parábola o una historia. No obstante, aun las parábolas pueden expresar verdades divinas. Ahora, éste es el único episodio en el cual Jesucristo usó el nombre de pila de un hombre. En ese caso, Lázaro. Este detalle sugiere que este evento de hecho ocurrió.

> Había un hombre rico que se vestía de púrpura y de lino fino y hacía cada día banquete con esplendidez. Había también un mendigo llamado Lázaro, que estaba echado a la puerta de aquél, lleno de llagas, y deseaba saciarse de las migajas que caían de la mesa del rico; aun los perros venían y le lamían las llagas. Y aconteció que murió el mendigo y fue llevado por los ángeles al seno de Abraham; y murió también el rico y fue sepultado. Y en el Hades alzó sus ojos, estando en tormentos, y vio de lejos a Abraham, y a Lázaro en su seno. Entonces él, dando voces, dijo: Padre Abraham, ten misericordia de mí y envía a Lázaro para que moje la punta de su dedo en agua y refresque mi lengua, porque estoy atormentado en esta llama. Y

LA INTRODUCCIÓN • 9

le dijo Abraham: Hijo, acuérdate de que recibiste tus bienes en tu vida, y Lázaro, por su parte, males; pero ahora éste es consolado aquí, y tú eres atormentado. Y además de todo esto, hay un gran abismo entre nosotros y vosotros, de manera que los que quieran pasar de aquí a vosotros no pueden, ni de allá pasar acá. Entonces dijo: Te ruego, pues, padre, que le envíes a la casa de mi padre porque tengo cinco hermanos, para que les testifique, a fin de que no vengan ellos también a este lugar de tormento. Y Abraham le dijo: A Moisés y a los profetas tienen; ¡Que los oigan a ellos! Él entonces dijo: No, padre Abraham; pero si alguno va a ellos de entre los muertos, se arrepentirán. Pero Abraham le dijo: Si no oyen a Moisés y a los profetas, tampoco se persuadirán aunque alguno se levante de entre los muertos.
— Lucas 16:19-31

Hoy en día tenemos algo mejor que Moisés y que la ley: Tenemos el evangelio o "Las Buenas Nuevas" de Jesucristo. La Biblia—tanto el Viejo como el Nuevo Testamento—son acerca de Jesús y de la salvación del hombre. Es un manual para los justos; para que no terminemos como el hombre rico en la historia de Cristo; destinado a la oscuridad y a la agonía. Sin embargo, sorprendentemente, Jesús también dijo: "Entrad por la puerta estrecha, porque ancha es la puerta y espacioso el camino que lleva a la perdición, y muchos son los que entran por ella. Porque estrecha es la puerta y angosto el camino que lleva a la vida, y pocos son los que la hallan" (Mateo 7:13-14).

¡Pocos! ¡Cómo nos atormenta esa palabra a todos! después de todo, ¿Qué son unos pocos? Solo ocho almas fueron salvadas durante el diluvio.[1] Solo cuatro escaparon de Sodoma antes de su destrucción; incluyendo la esposa de Lot; ¡Quien se volvió un pilar de sal![2] El porcentaje de almas salvadas hoy pudiera ser mejor de lo que fue alguna vez; pero solo Dios sabe la verdad. Él no quiere que perezca nadie porque espera que todos vengan al arrepentimiento.[3]

¿Hay allí entonces alguna aseguración de salvación?

¿Puede alguno de nosotros estar seguro de alcanzar la eternidad? ¡Sí! como Juan, un apóstol de Jesús escribió:

"El que tiene al Hijo tiene la vida; el que no tiene al Hijo de Dios no tiene la vida. Estas cosas os he escrito a vosotros que creéis en el nombre del Hijo de Dios, para que sepáis que tenéis vida eterna" (1 Juan 5:12-13).

Ésta es la promesa de Jesucristo; la promesa de salvación y gloria eterna al lado de nuestro Creador. Es una cosa simple, ¿No lo es? ¿Creer en el nombre del Hijo de Dios? La única cosa que usted verdaderamente tienen en esta vida, es elegir. Pero, es una decisión que cambiará todo lo que ama en la vida. Si decide ir por este camino, ¡Será cambiado para siempre!

Después que se marche de este mundo, después de que sea puesto en su tumba, nunca regresará a la esfera mortal de nuevo. Considere ahora su propio destino eterno. ¿Adónde lo llevará esa decisión singular al final?

¿Dónde estará usted si usted hubiese muerto anoche?

Notas:

1. Génesis 7:7, 1 Pedro 3:20

2. Génesis 19:15-16
3. 2 Pedro 3:9

EL DESPERTAR

No can o puedo respirar. Jadeo y pruebo cenizas y humo. "¡Ayúdenme!" Hace tanto calor, ¿Por qué hace tanto calor? ¿Dónde estoy? ¡Ayúdenme! ¡Ayuda! Cierro mis ojos en contra del calor. Mi carne se cubre de ampollas. Mis pulmones arden.

El Infierno, ¡Estoy en El Infierno!, ¡Por qué!, ¡¿Cómo?!

Recuero ahora. Morí anoche. Morí. Los últimos momentos de mi vida están marcados en mi memoria. Mi familia estaba junto a mí. Mi esposa estaba llorando, mi hija también. Los chicos quieren irse; quieren estar en cualquier lado menos allí. ¿Habían otros? Sí. Estaban consolando a mi familia.

"Él está en un lugar mejor ahora", decían cuando mi alma derivaba hacia arriba.

Un lugar mejor.

¡Pero no lo estoy! ¡Estoy aquí!

¡El aire duele! El humo llena las ventanas de mi nariz.

Tengo tanta sed. Nunca he estado tan sediento o cansado.

EL DESPERTAR • 13

¡¿Por qué estoy tan cansado?!
  ¡Por favor! ¡¿Alguien?!
  ¡Estoy en agonía!
  Luego escucho una voz fuerte que hace eco a mi alrededor—O, ¿Está solo en mi mente? Es un suspiro, es un grito. "Y será atormentado con fuego y azufre delante de los santos ángeles y delante del Cordero. Y el humo del tormento de ellos sube para siempre jamás. No tienen reposo de día ni de noche" (Apocalipsis 14:10-11).
  ¡Pero yo no pertenezco a este lugar!" Lloro, sin embargo, nadie me escucha porque estoy solo. Hay gente a mi alrededor; sufriendo tormentos y deseando la vida que perdieron; pero nadie me escucha.
  Nadie me ve.
  Estoy solo entre billones de almas desesperadas.
  Empiezo a llorar. Las lágrimas saladas queman mi piel braseada y ampollada. Esto no es donde pensé que estaría. ¿Cómo llegué aquí? ¿Qué hice mal?
  Los días han pasado en la tierra, pero el tiempo no existe aquí. No en El Infierno. Están llevando a cabo mi funeral. Mi cuerpo está acostado en un ataúd costosa. El predicador está tratando de consolar a mi familia. "Él todavía está con ustedes", les dice.
  Pero no lo estoy. Estoy aquí. "Quizás lo veremos en el Paraíso algún día" mis esposa susurra, "Eso esperamos".
  Pero no será así, estoy aquí.
  "No escuchen", grito yo. "¡No hay un final feliz aquí!"
  Pero no me pueden oír. Mi voz es tragada por el humo y el fuego. Traté de no pensar en este final cuando estaba vivo.

Fui bueno en vida, bueno en alejarme de malas situaciones. Si me encontraba entre la espada y la pared, podía salirme de allí de nuevo. Mas no hay salida de esto. ¡No hay escape!

Esto es la realidad. Mi realidad.

Luego escucho al predicador decir: "Si él estuviera aquí hoy, les rogaría y suplicaría que enderezaran sus vidas en el Señor."

Pero nadie está escuchando. Colocan mi cuerpo muerto en la tierra. Mi esposa pone flores en mi tumba. Las lágrimas se están secando, los corazones se empiezan a curar. Mis chicos están felices de que todo acabara. Los días se vuelven semanas, las semanas se vuelven meses, la vida sigue.

Pero el tiempo no significa nada aquí en la fosa. En este lugar de tormento, usted revive cada evento una, y otra vez. Cada azote del látigo, cada beso de llamarada, cada lanza de dolor: Sentiré cada una mil veces sin un sentido del pasar del tiempo. Permaneceré aquí por la eternidad, pero siempre me sentiré como si acabara de morir anoche.

EL ELOGIO

Todavía puedo oír al predicador hablar de mi vida. ¿Cuándo fue? ¿Hace un año? ¿Hace una semana? ¿Ayer? Él compartió con todos que fui criado y bautizado en la iglesia; que me casé en la iglesia. Una vez, fui diácono en ésta. Aun asistí a la iglesia donde ocurrió mi funeral. El predicador dijo que fui un buen hombre de negocios y que era respetado en la comunidad. Presté servicio miliar cinco años. Presté servicio en la junta escolar. Fui un líder de la comunidad. Estuve en un club de viajes cuando me jubilé. Fui un buen proveedor para mi familia y les enseñé a mis hijos el valor del dólar. Les di una buena educación. Crecieron y obtuvieron buenos trabajos. Amaba jugar golf y pasar tiempo con mis amigos...

Unas cuantas oraciones breves. Ésa fue mi vida. Esto es quien fui. El predicador concluyó al consolar a los dolientes con unas cuantas líneas de las escrituras. Todos le agradecieron y dijeron que hizo un trabajo maravilloso; qué bien me había descrito, qué bien me debe haber conocido.

Una de mis nietas puso una nota en mi ataúd.

"Te amo, abuelo." La había escrito con un crayón rosado. Seis de mis amigos cargaron mi cuerpo a la tumba. Uno de ellos dijo: "Bueno, supongo que él y San Pedro están tomando el té en el Paraíso ahora."

Cada hombre debe oír su propio discurso de elogio antes de morir. Ante los ojos de la comunidad, debo estar en el Paraíso. Viví el Sueño Americano. Prosperé con muy poca adversidad. Fui una buena persona—bueno con los demás; y fiel para con Dios.

¿Cómo llegué aquí? Nunca pensé que esto me pasaría a mí. Estoy en problemas y no hay esperanza de salir jamás. Recuerdo los sermones y las lecciones. Solo empeorará después del Juicio. ¿Por qué? ¿Por qué estoy aquí? ¿Qué hice para terminar aquí?

¿Qué hice que fue tan mal?

"¿Por qué Dios?", lloré. El humo agrio quema mi garganta y mis pulmones. "¿Por qué me mandó al Infierno?"

Una voz peculiar me contesta desde la oscuridad. "Ustedes los ingleses no saben nada", dijo él. "No está en lo que se llama Infierno. Todavía no."

"¿Quién es usted?", demandé saber.

"Soy Libni de Jerusalén", contesta la voz desincorporada. "Viví durante el tiempo de Cristo. Creí en Él, pero tenía mucho miedo de confesarlo como el Hijo de Dios."[1]

"¿Por qué?"

"En mi época, nuestra vida dependía en obedecer a aquellos al mando; y estos, no creían en Jesús. Cualquiera

EL ELOGIO • 17

quien hiciera esto, era despedido de la sinagoga; desterrado de la comunidad; sin poder hacer aun los más simples negocios en Jerusalén."

"¿Ésa es la razón por la cual usted está en el Infierno?"

"Le dije antes", respondió él con una actitud molesta obvia. "Éste no es el infierno." "El Infierno" es un lugar de la mitología nórdica. Era el mundo oculto. Los cristianos usaron esta palabra, una idea, para explicar la Gehena griega la cual era un pozo con llamas; un lugar para lanzar a aquellos que se niegan, para cadáver de animales; y para los cuerpos de criminales. Ardía continuamente detrás de la pared al sudoeste de Jerusalén. Era un lugar de aves de carroña y gusanos; de olores podridos; y con una neblina de humo. Una vez, fue un lugar para la adoración pagana en donde muchas personas sacrificaron a sus hijos. Fue un lugar de abominaciones. Fue solo un lugar para ustedes, perros gentiles."

¿Para mí?" pregunté, oponiéndome a este absurdo. "Pero usted también está aquí."

"Lo sé", contesta éste. "Pero los judíos eran el pueblo verdadero de Dios. No estábamos destinados a esta fortuna. Solo los gentiles—la verdadera mugre y basura del mundo—se suponía que debían quedarse aquí."

Mi sangre hervía. ¡Que hipócrita tan farisaico!, pensé con ira. Luego recordé decirle a la gente que irían al Infierno si no pensaban como yo, si no adoraban como yo, si no vivían como yo. ¿Cómo era yo mejor que Libni; con estas palabras de odio y juicio?

"Solo está en Sheol, la tumba", la voz continúa e hizo eco a mi alrededor. Usted y yo estamos en la fosa ardiente de Dios.

"¿Quiere decir que empeorará?", suspiré.

"¡Sí, tonto!", hizo eco la voz de Libni. "Jesús nos dijo cuán peor sería una vez que seamos echados en el lago de Gehena. "Por tanto, si tu ojo derecho te es ocasión de caer, sácalo y échalo de ti; porque mejor te es que se pierda uno de tus miembros, y no que todo tu cuerpo sea echado al infierno."[2]

Mis ojos empiezan a lagrimear, de remordimiento; o por el humo. No puedo estar seguro. "Mi ojo derecho fue, ambición y miedo", dice Libni desde lejos. "¿Cuál fue el suyo?"

Notas

1. Juan 12:42-43
2. Mateo 5:29

EL REY Y YO

Hh ay silencio ahora. Libni me ha dejado a mi suerte. Es difícil ver claramente en medio de la neblina de calor y humo. A veces puedo ver cosas a medias. Otra veces, solo veo oscuridad. Otra voz rompe el silencio y me llena de gozo saber que no estoy completamente solo. También me llena de pavor.

"Escúchame, hijo mío", llama.

"¿Quién esta allí?", contesté mirando alrededor. La voz continúa: "He estado aquí por un largo tiempo, mucho antes que usted. Pude haber venido apenas ayer o miles de años antes. Se siente como si fuese un día que ha pasado desde que morí."

"¿Quién es usted?", demandé saber de nuevo.

"Alguna vez leyó la Biblia?", preguntó éste.

"No tanto como debí hacerlo, evidentemente", contesté.

"Estaba muy ocupado; con mucho que hacer siempre. Además, no entendía todo lo de 'vosotros.' Mucho de esto era aburrido; así como lo son muchos de los predicadores que escuché." Luego recordé que todavía no me ha contestado. "Ahora, ¿Quién es usted?"

"Mi nombre es Roboam, el hijo de Salomón, rey de Judá. Fui más grande de lo que jamás se hubiese imaginado. Tenía 18 esposas, 60 esposas sirvientas, 28 hijos, y 60 hijas."[1]

"Wao, debe haber estado muy ocupado", le contesté irritado con su sentido de superioridad.

"¡Silencio, tonto! Fui criado en la nación más rica. Cuando me volví rey a los 41 años de edad, mi padre había hecho la plata tan común como las piedras en Jerusalén. Ningún reino jamás ha sido tan rico o jamás los será de nuevo. ¡Lo tenía todo! Aun perdí más de la mitad de mi reino; saqueado por los egipcios; y todavía tenía más de lo que necesitaba. Me humillé y lloré. 'El Señor es justo' después de yo decir y de hacer muchas cosas insensatas. Después de esto, Dios fortaleció mi reino número diecisiete."

"Entonces, ¿Por qué está aquí?", pregunté. "Quiero decir, usted era el rey ungido de Dios. Dios aun lo bendijo. ¿Qué pasó?"

Hay un momento de gruñido y de lloro cuando Roboam sufre un tormento que no puedo ver. "¡Si ha leído su Biblia, lo sabría!", escupió él a través de dientes cerrados. "Mi vida fue resumida por estas pocas palabras: "E hizo lo malo, porque no dispuso su corazón para buscar a Jehová."[2]

Un escalofrío sube por mi columna vertebral ardiente. En alguna manera, era como Roboam. Viví en la nación más prospera sobre la tierra y tenía mucho dinero para vivir cómodamente. Nunca fui un rey ni estuve en el gobierno, pero de alguna manera, lo tenía todo. Pensé que si era un buen proveedor, si iba a la iglesia regularmente, y estaba feliz, Dios estaría complacido con mi vida.

Evidentemente, no lo estaba.

Las palabras de Roboam, aun más que las de Libni, atormentaban mis pensamientos. Él hizo mal porque no puso su corazón para buscar al Señor. ¿No tomé a Dios lo suficientemente en serio? ¿Qué más pude haber hecho? Mi bautizo, mi matrimonio; y el ser un diácono, ¿No contó para nada?

Dios, ¿Qué quería usted de mí?

Notas

1. 2 Chron. 11:21
2. 2 Chron. 12:14

EL DEMONIO

Algo húmedo gotea en mi hombro desde arriba. Algo que quema mi piel. Un soplo de aire caliente y podrido arruga mi cabello. Tiemblo sabiendo que hay algo mirando de reojo por encima de mí. Algo grande y sucio. El pánico me llena y mi mente grita y me dice que corra—¡corre rápido y corre lejos!; pero no me muevo. No puedo. Soy cautivo del miedo.

Luego el dolor; un dolor que nunca he conocido, traga mis sentidos.

¡Grito! ¡Grito por misericordia y liberación! Ha atrapado mi cuerpo esta criatura oscura en la sombra, empujando garras afiladas en mi columna vertebral; y rompiendo hacia abajo a través de músculos y tendones. ¡Oh Dios, el dolor!

Por un momento, todo se oscurece, y me salvo de unos pocos momentos de tortura. Cuando recupero la consciencia, la criatura está delante de mí, vestida de carne podrida negra. Tiene pezuñas de caballo de guerra y cola de escorpión. Le salen alas gigantes negras, manchadas de sangre y de quién sabe que más; de lo cual no me atrevo a pensar.

Da círculos a mi alrededor, mostrando los dientes tan largos como mi antebrazo y tan afilados, como chuchillas. Estoy

completamente a la merced de esta criatura; pero sé que no hay misericordia en ésta. La piel desgarrada de mi cuerpo es un testamento de su crueldad.

"¿Qué es usted"? Suspiré. Mi boca se llenó del sabor metálico de la sangre. Mi sangre.

Gruñe un sonido gutural bajo como ninguno que jamás haya oído antes. Empiezo a llorar en silencio.

"Por cinco meses, he atormentado los corazones de hombres inicuos en la tierra"[1] Chilla con una voz como de clavos. "Fui echado de nuevo en esa fosa y ahora sufrirá por ello."

El sonido de esta bestia demoníaca es insoportable. Cubrí mis oídos para bloquearlo.

"¿Qué hice?", grité.

"Está aquí. Ésa es razón suficiente. Nuestra clase los torturará a ustedes, perros, por la eternidad."

"¡Creo en Jesús Cristo!", lloré. "¡Confieso a Cristo! ¿No cuenta eso para nada?"

"¡Tonto!", se burla. "También creemos y temblamos;[2] lo cual es más de lo que usted jamás hizo. Yo también, confesé que Jesús fue el hijo del Dios Altísimo.[3] Fui desterrado en la rebelión; pero, ¿Usted? Usted tuvo una oportunidad para cambiar, para hacer una diferencia. ¿Y qué hizo con eso? Yo no recibí tal oportunidad, pequeño hombre sin valor."[4]

Se lanza hacia delante; y con un golpe de su cola, revienta mi abdomen.

"AAAAAAAAAHHHH," grito yo. "¡Lo siento! Señor, ¡Perdóneme! ¿Qué puedo hacer?"

Una, y otra vez, golpea mi cuerpo con su cola y con sus garras. La sangre brota de mis heridas. ¡El dolor es tremendo! ¡Solo déjeme morir! Por favor, Dios, déjeme morir y que todo se acabe. No quiero existir más.

¡¿Por qué no me deja morir?!

Notas

1. Apocalipsis 9:3-11
2. Santiago 2:4
3. Lucas 8:28-29
4. Judas 6

LA IRA

Sus ojos se abren lentamente para darme cuenta de que la criatura se ha ido. Mi carne está desgarrada en trozos, pero todavía no muero. He sangrado mucho y por mucho tiempo; pero todavía no muero. Trato de levantarme. Me tropiezo. Pongo un brazo alrededor de mi abdomen para que mis órganos no se caigan al tratar de nuevo. Mis piernas, estando débiles, tiemblan al forzarlas a moverse para encontrar una manera de salir de este lugar.

Luego oí un sonido más alarmante y misterioso que los gruñidos y gritos. Rizas. Oigo risas en la oscuridad seguida de toz y sibilancias. Se burla de mí mientras que lucho hacia adelante hasta que ya no pueda oírla.

"Deténgase", le ruego. La risotada se eleva en intensidad. Se acerca. "Por favor", chillo con el miedo volviéndose ira. "Deténgase", ¡Déjeme en paz!"

"Bueno, bueno", "Una voz familiar reemplaza la risotada." Todos estamos emocionados de que se una a nosotros, amigo.

Veo que terminó como el resto de nosotros, los pecadores. ¿Se volvió como nosotros entonces? ¿Qué se siente ser un banquete de gusanos?"

El olor a cigarrillos húmedos y viejos entra en las ventanas de mi nariz haciéndome sentir asco. "¿No se acuerda mí, Billy Boy?" La voz está más cerca, pero no hay nadie a

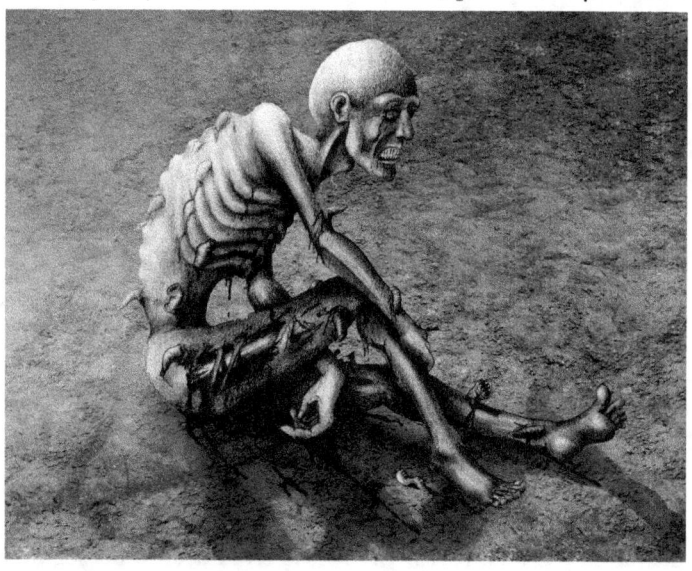

mi alrededor. "Crecimos juntos, usted y yo. Fui a la misma escuela. Aun me fui de fiesta con usted hasta que se creyó más bueno que yo. Superior."

"¿Joe?", pregunté, finalmente reconociendo la voz. "¿Es usted?"

"Sí, soy yo", contestó él tosiendo. "Morí hace uno años, y no voy a mentir—he estado esperándolo, Billy Boy."

"¡No llame así!", respondí molesto. Odio ese nombre, odio quien fui cuando él solía llamarme así.

"¿Qué va a hacer al respecto, Billy Boy?", dijo Joe con voz áspera en medio de un ataque de tos.

"Yo... ¿Haré qué cosa? ¿Qué puedo hacer? ¡Ni siquiera puedo verlo!

La ira de Joe es maníaca ahora, triunfante. "Usted, ¡Presumido santurrón! ¿Dónde están sus ropas caras ahora? ¿Dónde están sus anillos de oro, su carro, y casa costosa? ¿Dónde está su esposa perfecta? ¿Y todo ese dinero que importaba tanto? ¿Dónde está su amado Jesús?

"¡Yo era un buen hombre!"

Lo soy, pienso con ira. Yo soy un buen hombre.

"Cuando vine a su iglesia, ¡Usted me dijo que nunca volviera! ¿Cuán cristiano era usted en ese entonces?"

"Estaba borracho", murmullé consternado. "Estaba haciendo un espectáculo."

"¡Estaba sufriendo, Billy Boy!, doliendo, en banca rota, ¡Sin albergue! ¿Dónde estuvo esa caridad de la cual su gente predica? ¿Donde estuvo su bondad? Lo odiaba en ese entonces; así como lo odio ahora, usted, ¡Hipócrita farisaico!"

Estaba a punto de explotar de ira. ¿Quién era este hombre para jugarme? Odié a Joe toda mi vida. Era un borracho bueno para nada, una vergüenza. Todo lo que hizo fue pedirme dinero prestado; el cual nunca me pagó. Siempre usó el mismo apodo "Billy Boy" para burlarse de mí y ridiculizarse; para rebajarme.

" ¡Usted no fue más que un hostigador, Joe! ¡Un flojo, un desperdicio de espacio bueno para nada.! Usted me provocaba y se burlaba de mí en la escuela!"

Joe se queda en silencio y piensa. "Bueno, ahora usted sabe su lugar."

Pero luego se ríe; esa risa llena de gargajos que me hace encoger de desagrado. "Billy Boy, Billy Boy. Lo hostigué porque usted siempre actuó como si fuera mejor que todos; como si todos estuvieran por debajo de usted; para ser ignorados y para que nos caminen por encima. Crecí pobre y hambriento. Me puse la misma ropa todos los días. Y, ¿Cómo reaccionó usted?, ¿Con caridad?, ¿Compasión? ¡No! Usted hacía bromas acerca de cómo olía yo, acerca de mi familia. ¡Usted y sus amigos me ponían apodos! Hasta que me necesitó, por supuesto, para que le consiga su cerveza mientras era menor de edad."

"Usted huele a basura, ¡Todavía hiede!", le grité; donde quiera que esté. Se ríe de nuevo, raspeando el gargajo y tosiendo cuando su voz se desvanecía y era reemplazada por otra.

"¿Qué hay de mí?" cada día me veía y sugería que yo vendría a este lugar al final; pero, ¿Alguna vez me invitó a su iglesia? ¿Alguna vez trató de salvarme? ¡Nunca me mencionó ni una vez a Jesús!"

"¿Harry?", pregunté frecuentemente, sin creer enteramente que unos de mis viejos compañeros de golf esté aquí y que me acuse de negligencia. No hay tiempo de decir más; ya que más voces gritaban con ira y rabia.

" ¡¿Dónde estuvo cuando lo necesite?!"

" ¡Usted me robó mi herencia!"

"¡Usted me ignoró cuando me congelaba en las calles!

¿Por qué no me ofreció un abrigo o una cobija?"

"¡Usted trató de acostarse con mi hija!"

"Usted arruinó mi negocio!"

"¡Usted nunca vino a verme cuando estuve en prisión!" "¡Nunca me dio la bienvenida a su iglesia!"

"¡No me dejaba obtener agua de la manguera de su jardín cuando me cortaron los servicios!"

"¡Se reusó a ayudarme con mi medicina!"

"¡Me alejó cuando estaba sin hogar y hambriento!"

"Y seguían los gritos de voces de todas partes. Les fallé, dijeron ellos. Arruiné sus vidas. De una sola, mi pecho se hincha con ira hasta que siento que podría explotar. ¿Quiénes son ellos para culparme por sus problemas? ¿Quiénes son ellos para reclamar que yo soy la razón por la cual están aquí?

Luché para respirar aire. Cada respiro es caliente y húmedo; quemando mis pulmones. Nunca he sentido tanta ira en mi vida.

"¡No es mi culpa que ustedes sufrieron! ¡No es mi culpa!"

Las voces se elevaron, más cerca, presionando en todos mis costados hasta que caí de rodillas. Me puse las manos en los oídos; en un débil intento para evitar esas palabras en mi cerebro.

¡Váyanse al Infierno! , grité, "¡Todos ustedes!"

Silencio, silencio completo.

Lentamente, bajé mis manos y miré a mi alrededor. Estoy más solo que nunca. Las voces se fueron; así como la criatura que vino antes. Si se caía una aguja ahora, reverberaría como un gongo. No hay alivio en el silencio, aunque por ahora, pienso en mi vida y cómo traté a estos pobres miserables.

Ahora me doy cuenta de todas las cosas que no hice cuando estaba vivo.

Me detesto a mí mismo.[1] Mi ira no es por ellos, sino para conmigo mismo.

Notas

1. Ezequiel 36:31

LA BESTIA

En mi agonía, todavía siento la presencia de alguien de pie cerca de mí; viendo y esperando. Él es más malévolo que todos los que me han visitado. En vida era llamado reverendo y millones de personas lo escuchaban. Compraron sus libros y lo veían con un modelo a seguir para la nación. Pero era falso. Mi predicador advirtió acerca de estos falsos profetas: "Después vi otra bestia que subía de la tierra; y tenía dos cuernos semejantes a los de un cordero, pero hablaba como un dragón" (Apocalipsis 13:11-13). Era un lobo disfrazado de oveja.

Lo recuerdo porque era un nombre conocido. Se mezclaba con dignatarios, comió con presidentes, era observado por millones; y tenía ministerios en todas partes. Cuando él hablaba, millares se reunían, le daban un vistazo, y oían sus palabras. Sonaba lo suficientemente religioso para no ofender a los verdaderos creyentes. Era duro con algunos asuntos, pero vago con el resto. ¡Era el campeón del mundo!

Ahora está aquí entre la basura del Paraíso; como el resto de nosotros. Se acerca en la oscuridad. Pero a diferencia de los demás, no me habla.

"¿Por qué yo?", le lloré a él. "¿Por qué debo sufrir más que el resto de la mugre del mundo?"

"No es así", contesta. Lo puedo ver, pero no claramente. Está deforme detrás del calor y el humo. "Todos sufrimos; aunque no se pueda ver, escuchar, o sentir. Mi tormento es para mí solamente."

"Pero, ¿Por qué?", demandé saber. "¿Por qué debemos sufrir tan horriblemente?" Él guardaba silencio por un momento antes de decir una cita: "Porque la ira de Dios se revela desde el cielo contra toda impiedad e injusticia de los hombres que detienen la verdad con injusticia" (Romanos 1:18).

"¡Yo era justo!, ¡Era piadoso!"

"No se por qué usted está siendo atormentado", suspira él. quizás él ha oído tales defensas débiles de otros aquí. "Yo detuve la verdad. No pude haber tenido toda mi riqueza y popularidad si hubiese enseñado todo lo que está escrito por el apóstol Pablo. Esas personas no leían la Biblia; y aquellos quienes lo hacían, escuchaban mi interpretación. Le ofrecía lagunas y atajos para evitar las instrucciones más difíciles de Pablo.[1] Todo lo que tenían que hacer era creer, les dije a ellos, ;y si se preocupaban de enseñanzas contradictoras de la Biblia, sacaba el truco de la 'gracia'. La gracia no solo cubriría todo pecado, enseñé yo, mas cubriría el error doctrinal también.

"Si no hubiera enseñado lo que era popular, no hubiera llenado ni un asiento. Si eran lo suficientemente estúpidos para tomar mi palabra como evangelio y no buscar la verdad por ellos mismos, entonces se merecen estar aquí. Les di lo que querían oír. Se lo comieron como un anzuelo.

Venían por él. Cientos de miles almas condenadas cayeron en él; mordiéndolo y rasguñándolo. Las palabras, la violencia, el odio—es demasiado difícil de aguantar. Es como mirar una masa de perros hambrientos desgarrando la carne de una bestia indefensa. Al mirar con lástima, algunos se encaminaron hacia mí, con sangre goteando de sus garras.

"No" suspiré, sacudiendo mi cabeza.

Arremetieron contra mí, crujiendo sus dientes.

" ¡No!"

Me rasguñaron y me mordieron; desgarrando mi carne y rompiendo mis huesos. Estos no son hombres y mujeres—ya no lo son. Éstas son bestias sin mentes, gobernadas por miedo y odio. "¿Por qué?", lloré cuando estos me tumbaban. "¿Qué les hice yo a ustedes? ¡Él es quien los ha engañado, quien detuvo la verdad! Él es la bestia, el falso maestro, no yo. Por favor, Oh Dios, ¡Deténgase!"

La oscuridad me toma. No estoy inconsciente por mucho tiempo. El sueño no le llega a aquellos atrapados en la fosa. Mi cuerpo ha sanado; pero ahora las cicatrices que desvanecen todavía arden como si estuvieran frescas. No hay señal de mis atacantes. Pero alguien nuevo esta aquí, alguien a quien yo conozco.

El predicador quien habló en mi funeral está llorando cerca. Qué extraño verlo aquí. Recuero cuando llegó por primera vez a nuestra iglesia y nos enseñó como lo hizo el reverendo. Pero nuestro predicador no era tan popular. De hecho, muchas personas dejaron la iglesia por motivo de sus enseñanzas. Inicialmente, lo que él enseñó me hacía sentir incómodo; pero iba con mi estilo de vida. Éramos como las otras iglesias a nuestro alrededor. Nos volvimos más tolerantes a otras creencias y estilos de vida. Era bueno para los negocios.

"¡No esperaba verlo aquí!", dije en voz alta. " ¿Qué paso con toda su gracia?"

No responde, excepto para maldecirme a mí y a Dios.

Puedo recordar claramente al predicador tal como era él. Éste echaba a la gene de la iglesia. Le gruñía a su congregación de vez en cuando. Él me dijo, nos dijo a todos, que estábamos errados en pensar que teníamos que seguir la Biblia literalmente para ir al Paraíso. "Aun si fuese al Infierno", dijo él, "no tendría que sufrir eternamente."

"Parece todos estábamos equivocados", suspiré yo, mirando alrededor al mar de caras perdidas.

Hay muchos líderes eclesiásticos siendo atormentado con nosotros; pero hay una cara que no veo, una que espero ver. Es el predicador al cual ayudé a que echaran. Lo odiaba. Siempre hablaba de Jesús. Jesús esto, y Jesús lo otro. Sus discursos públicos no eran los mejores del mundo, pero predicó con todo su corazón—le daré ese mérito. Él superó tantos obstáculos; especialmente cuando se trataba de ayudar al pobre y al necesitado. "Tome de su propia casa", enseñó él, "¡Venda esos objetos materiales y tome ese dinero para aquellos quienes lo necesiten más!"

Si fuera por él, hubiera regalado todos nuestros ahorros. ¡Qué ridículo! Cada día, nos daba duro acerca de amar y perdonarnos el uno al otro. No estábamos haciendo lo suficiente, nos regañaba él, para salvar a los perdidos en nuestra comunidad; para defenderlos de las muchas "bestias" o falsos maestros. Pasó tanto tiempo con adictos a las drogas y con los pobres, que quedaba poco para nosotros quienes éramos los pilares de la iglesia. ¡Nos cansó!

Finalmente, nos cansamos de eso. La iglesia estaba dividida en cuanto a despedirlo, pero no importó al final. Él dijo que no sería la causa de una división y que claramente era tiempo de que se fuera. ¡Nunca estuve tan feliz de ver a alguien irse!

Miro alrededor ahora, a través de humo y el calor, a los muchos falsos profetas quienes desviaron a tantos. Todavía, no veo a aquel hombre; al que ayudé a que despidieran. Quiero preguntar por qué no está aquí con el resto de nosotros, ¡Por qué no esta a aquí sufriendo!

Pero yo ya sé por qué. Lo sé.

Notas

1. 2 Pedro 3:15-16

LA LUZ

Está tan oscuro. Me pesa, me presiona mi pecho hasta que a penas puedo respirar. La oscuridad esconde las criaturas que me atormentan, pero no puedo esconder mis pensamientos. En cambio, se magnifican; conjurando memorias de culpa y vergüenza hasta que empiezo a llorar. ¡Me aterroriza esta oscuridad! Trato de pensar en las buenas cosas en mi vida porque tales pensamientos traen un poco de luz a mi pesadilla sin fin. Mi mamá es la primera persona que viene a mi mente. Qué ser humano tan maravilloso. Cuando necesitaba buenas noticias o ánimo, sabía que podía hablar con ella; y ella me alegraría. Deseo tan desesperadamente poder verla de nuevo. Solo una palabra de ella, un vistazo a su dulce sonrisa le daría luz a mi existencia miserable.

Mamá no siempre fue así. Cuando conoció a mi padre, era una niña salvaje, joven, e ingenua. Cayó en su encanto como otras tantas mujeres antes y después. Sé que ella se arrepentía de algunas de sus decisiones, pero era leal y buena; aun cuando mi padre no lo era. En uno de sus peores momentos, quería matarlo mientras dormía. Había aguantado mucho abuso, mucha traición de ese mujeriego alcohólico. Pero no lo hizo. Me vio dormido esa noche y supo que no podía hacerlo. Me confesó esto cuando me volví un adulto y me explicó que su vida no era nada comparada a la de su familia.

"¿Tenía ella razón?" No lo sé; pero la respetaba y amaba cada día de mi vida por su fortaleza.

El día después de que escogió no matarlo, su amiga la invitó a la iglesia. Entonces fue, y de nuevo, nos llevó a mí y a mi hermana también. Eventualmente, se bautizó. Nunca olvidaré cuán feliz estaba ese día o cuán enojado hizo a papá. "¡Si va a esa @#$% de iglesia una vez más, la mataré!" gritó él un domingo cuando mamá nos guiaba hacia la puerta. Estaba borracho de nuevo con los ojos rojos y salvajes. "Hágalo. ¡Vea si no lo hago!"

Nos escondió detrás de ella al encararlo. "Después de trece años, encontré algo por lo cual vivir; alguien quien me ama más de lo que usted pudiera hacerlo jamás. Si presiona el gatillo, iré al Paraíso. Si no lo hace, iré a la iglesia. De cualquier manera, estaré con Él, quien realmente me ama." "Nadie la ama", dijo papá escupiendo. La baba literalmente goteaba bajo su barbilla.

"Jesús me ama", contestó con calma. Recuerdo que empezó a llorar, aun mientras sonreía. "Vamos niños. Vámonos."

Papá no se quedó en el sitio por mucho tiempo después de aquello; pero eso estaba bien. Cuando se fue, también se fue su crueldad y su odio.

Éramos muy pobres, pero pudimos salir adelante. La fe

de mamá continuó creciendo. Dedicó su vida al Señor y a sus buenas nuevas. Recuerdo haber estado en su clase de escuela dominical cuando estaba en el cuarto grado. Nos hizo memorizar la presentación del evangelio. Todavía la recuerdo. Ella nos introdujo intensamente las escrituras en nuestras cabezas; y cómo ser salvos.

"Usted debe desear el evangelio", nos dijo ella, "como se explica en 1 Timoteo 1:15-16. Pero debe también creer en el evangelio,"[1] añadía ella. "Y cuando usted desea el evangelio para creer en éste completamente en su corazón, entonces debe buscar para entender el evangelio.[2] Debe entonces confesar el evangelio, como se nos dice en Hechos 8:36-37." dijo ella entonces, el patrón de la salvación se vuelve claro.

"¿Como cuando confesamos nuestros pecados?" uno de nosotros preguntó con la mano levantada. Mamá sonrió. Recuerdo su sonrisa.

"De alguna manera; pero en lugar de pecados y culpa, estamos reconociendo a Jesús como el Cristo y el Hijo de Dios. Al hacer esto, está declarando su amor continuo por Él. Sin embargo, entender el evangelio y reconocer a Jesús Cristo como nuestro Salvador, no es suficiente. También debe obedecer el evangelio.[3] Alguien recuerda ese último paso?" Caras congeladas fueron las que contestaron. Siempre luchamos con este último elemento, aunque no sé por qué.

"Debe vivir el evangelio", respondió mamá por nosotros. "Cada día debe amar a Cristo con todo su corazón y obedecer sus enseñanzas."[4]

Mamá trabajó muy duro para asegurarse de que todos sus estudiantes no solo memorizaran estas escrituras, pero que entendieran lo que significaban. La fe siega no era suficiente. Necesitamos apreciar la importancia del evangelio en nuestros caminos a la salvación.

Mi hermana entendió el evangelio. Siempre estaba invitando a personas a la iglesia; llevándolas el Señor. Pienso que ella trajo más personas a Cristo que las personas mayores y que los predicadores. Ella era tan dulce que me enfermaba.

Empezó a traer personas a nuestra casa para estudiar la Biblia. Me enojaba. Pensé que era una fanática. A veces la provocaba al llamarla la "clon de mamá." Luego se casó con un predicador. Gran sorpresa, ¿Verdad? Decidieron ser misioneros en África. Mamá estaba tan orgullosa de ella, tan orgullosa. Me hacía sentir celoso. Qué era yo, ¿Hígado picado? ¿No era yo importante también? Mamá sonreía y me decía que me amaba, que nos amaba por igual. Pero siempre sospeché de que amaba a mi hermana un poquito más.

Mi hermana había estado en África varios años cuando falleció. Para ese entonces, había tenido dos hijos propios y había empezado a tomar trabajo extra. Enseñó a niños en pueblos pequeños predominantemente musulmanes; pero estaba haciendo incursiones en la comunidad. Unos cuantos miembros de la localidad también se habían vuelto cristianos gracias a mi hermana y a su gozo en Cristo. Amaba a los niños a quien enseñaba, amaba a su familia, y amaba su vida.

Oí de esto dos días después de que muriese. Mamá me llamó. Apenas podía entenderla. Una de las estudiantes de mi hermana, una niñita, había puesto su mochila en el escritorio. Entonces mi hermana le pidió que la moviera lejos de pasillo y que la pusiera en su cuchitril. La niña se negó. Cuando mi hermana finalmente recogió la mochila, aparentemente, la niñita empezó a gritar que mi hermana había tomado su libro del Corán. Otros niños empezaron a decirle a sus familias que mi hermana los estaba forzando a ser cristianos y a olvidar a Alá.

Vinieron por mi hermana pronto. Un grupo de hombres guiados por el imán local. La tomaron de la escuela y le dispararon en frente de los estudiantes. Al poco tiempo, mataron a mi cuñado, a mi sobrina, y a mi sobrino. Quemaron sus cuerpos en la calle por un malentendido.

Después que recibimos las noticias, algo murió dentro de mamá y de mí. Se consoló a sí misma; como cualquier madre quien ha perdido a su niño en el campo de batalla—a través de lágrimas, ira, depresión, y finalmente, aceptación. Mamá dijo que mi hermana y su familia habían dado sus vidas por el Señor. Eran héroes trabajando por algo más grande que ellos mismos. Mamá estaba orgullosa—triste, pero orgullosa.

Yo por otro lado, crecí en amargura. Culpé a todos los musulmanes por lo que le había pasado a mi hermana en lugar de enfocarme en los pocos que fueron de hecho responsables. Culpé a mi cuñado por arrastrarla a un país del tercer mundo. Y más que todo, culpé a Dios.

¿Por qué le haría eso a alguien quien lo amaba tanto? Renuncié a ser diácono. Dejé de ir a la iglesia regularmente. A veces mamá y yo solo nos abrasábamos y llorábamos; pero ella siempre decía: "No se preocupe hijo. La veremos de nuevo pronto."

Cuando ella decía eso, yo pensaba: "No hay nada después de esto. No hay nada para nosotros después de la muerte."

Estaba equivocado. Tan, equivocado.

LA LUZ • 41

Mamá fue diagnosticada con cáncer unos pocos años después de que mi hermana muriera. Fue agresivo y se la llevo rápidamente. Pero ella nunca estuvo triste. Cuando compartió los resultados de sus análisis, sonrió—de hecho sonrió—y dijo, "Me voy a casa."

Esos últimos momentos fueron difíciles. Sentía mucho dolor y tomaba muchos medicamentos. Tratamos de que estuviera cómoda, la trajimos a un hospicio y la transferimos a un hospital que le daba un cuidado al 100%. Recuerdo una noche cuando me senté con ella; tomándola de la mano y odiando cuán frágil se había vuelto; odiando que me iba a dejar.

"No esté enojado, hijo. No caiga en la amargura", dijo ella suavemente. "Te amo", añadió ella con un suspiro antes de cerrar los ojos. "Su hermana y yo estaremos esperándolo."

Murió pocas horas después.

Luego me volví aun más enojado con Dios. Lo odiaba, dudaba de Él; maldije su nombre.

"¿Por qué, Dios?" grité en las llamas y el aire empapado de humo. "¿Por qué Usted tuvo que llevarse a mi hermana y a mi madre? ¿Por qué le haría Usted eso a alguien quien lo amó con todo su corazón y alma? ¿Por qué me ha herido tanto?¿Qué le hice? ¿Por qué se llevó a mamá de mi lado?"

Lloro. Las lágrimas queman mi carne mutilada. Caigo de rodillas en una agonía indefensa y lloro sin control.

"Por favor, Dios, ¡Por favor ayúdeme! Ayúdeme a ver la luz" me quejé. "¿Ayúdeme a verla?"

Notas

1. 1 Corintios 15:1-4

2. Romanos 6:3-7
3. Hechos 2:37-39
4. Gálatas 2:20

LA SÚPLICA

Parece que he estado aquí por años, sin albergue. La única memoria vívida que tengo es la de morir anoche.
El calor de mi propia sed es abrumador. Finalmente, quito mi atención del horror a mi alrededor y la coloco en un lugar que se siente más lejos que nunca. Luché en visualizarlo.

"Hola", digo. "¿Hay alguien allí quien me escuchará?"

Miro a lo que Jesús llamó "Paraíso"; y aunque no lo conozco, veo más allá de este gran abismo de tormento y desesperanza. Veo algo tan bello, tan distinto a cualquier cosa que jamás vi en la tierra; que no puedo describirlo. Simplemente mirar allá podría calmar a los corazones más atormentados. El solo pensar en ello, alivia un poco mi tormento y dolor. Sin embargo, aun este alivio es inmediatamente superado por una pena intensa.

¡Debí haber estado allá—no aquí!

Lloro de nuevo, "¡Ayúdenme! ¡Alguien responda por favor!"

En ese bello lugar, capté un vistazo de una mujer que conocía cuando fui oficial de policía. Una prostituta a quien había acompañado una vez a la cárcel del condado; para que recibiera tratamiento para la sífilis. Años más tarde, la vi caminando en el pasillo en la iglesia con su vieja y harapienta hermana para el bautizo. Cuando caminaban hacia adelante, alguien me oyó decir, "¿Qué hacen aquí?"

Me criticaron por esas palabras, pero sabía quién era esa mujer. Había ido a esa iglesia la mayor parte de mi vida. Puse dinero en la canasta de donaciones y fui un buen ciudadano de la ley. Nunca fui a prisión. Nunca fui tratado por una enfermedad venérea. Mis impuestos proveían cheques de asistencia del gobierno para esa mujer y para otros como ella. Pero, ¡¿Ella está en el Paraíso mientras que yo me pudro aquí?! Lo menos que podría hacer es traerme un poco de agua; algo para aliviar este tormento.

"¡Oiga!", llamé tratando de conseguir su atención. "¡Ayúdeme! ¡Soy miserable aquí abajo!"

Otra figura mira hacia mí. Es alguien a quien nunca he visto antes; no obstante, lo conozco instantáneamente. Es el apóstol Juan. ¡De seguro me ofrecerá su mano y me sacará de la fosa!

"Juan", le supliqué con una tos con silbido. "Tenga misericordia de mí. Haga que esa floja me traiga un poco de agua. Esperé por ella lo suficientemente en vida. Es su turno de regresar el favor.

"Hijo", contesto él, "recuerde que en vida fue bendecido muchísimo; mientras que esta pobre mujer sufrió. Ella hizo todo lo que pudo para alimentar a su familia; incluyendo venderse a sí misma. Pero más tarde, en vida, encontró a Jesús y aceptó su amor y perdón con todo su corazón. Ahora está siendo confortada, mientras que usted es atormentado.[1]

No lo creo. ¿Estaba yo ciego a la dureza de mi propio corazón? ¿Fui yo tan malévolo que era peor que ella? Luego una imagen de mi propia hija, todavía viva en la tierra, se formó ante mí.

Se estaba mirando a sí misma al espejo. Es tan bella, pienso yo; tan viva y pura. Pero luego, veo más profundamente a su alma misma puesta desnuda ante mí. No hay nada allí más que muerte. "Apóstol Juan" grité, "por favor, envié a esa vieja prostituta para que prevenga a mi hija. Terminará aquí conmigo; ¡A menos que alguien la prevenga! ¿Qué hay de mi esposa y dos chicos y sus familias? Yo conozco sus corazones y no están bien con Jesús. Él fue solo una historia con la cual crecieron. No fue real para mí tampoco; no como debió haberlo sido. No les di las prioridades correctas. Puse énfasis en los trabajos, en los deportes, y en ganar dinero por encima de Dios. Alguien tiene que hacer algo. ¡Por favor!"

"Hijo", contesta Juan, "tienen el evangelio de Cristo. Veo a cuatro, o cinco Biblias a su alrededor. Déjelos que tengan hambre de comida espiritual en lugar del consumo de objetos.

"Pero Señor", supliqué, "Si alguien regresara de los muertos se arrepentirían."

Juan me dijo, antes de desaparecer de mi vista: "Si no escuchan a Jesús y a sus palabras, no serán persuadidos por alguien que regrese de los muertos."

No puedo soportar el solo pensar en ellos terminando aquí conmigo. Todo en lo que puedo pensar es la última vez que los vi cuando se sentaron alrededor de mi lecho de muerte.

"Se irá a casa. Lo veremos de nuevo algún día." Pero este lugar no es lo que teníamos en mente. Nada de esto lo fue.

Notas

1. Lucas 16:25

EL LLANTO Y
EL CRUJIR DE DIENTES

Hace tanto calor aquí, es tan penoso. Todavía se siente como si acabase de morí anoche; pero no sé cuánto tiempo he estado aquí ya. Puedo oír voces enojadas, millones de almas culpando, maldiciendo, lloIrando, y gritando. Puedo ver demonios, el tormento y el horror de lo que está pasando a mi alrededor. Los gusanos ard destrucción del cuerpo antes de que sea reanimado para más sufrimiento; para más tormento. Una eternidad muriendo; mas no hay muerte.

Imagínese tener su carne desgarrada en piezas por algún asesino en serie sádico. Imagínese el dolor y el horror de verlo deleitándose con cada grito cuando usted ruegue por su vida. Eventualmente, le deja de importar. Solo quiere que termine y que lo deje morir. Puede ver su cuerpo mutilado y la escena horrible que deja el asesino; pero solo por un instante. Luego, de repente, se despierta de nuevo en una sola pieza; antes de que empiece a cortarlo de nuevo. Una, y otra vez.

Quizás esta vez riegue gasolina sobre usted y le prenda

fuego. La próxima vez, le pega con un objeto despuntado. Quizás, lo lance en una tumba abierta y lo entierre vivo. Cada vez puede ser diferente; y peor que la vez anterior. Multiplique ese dolor y terror por mil y usted empezará a entender por lo que yo paso continuamente; y sin descanso. Estoy tan cansado. Quiero morir. Aun he tratado de quitarme la vida;

pero solo sigo regresando.

"¿Terminará algún día? ¿No he sufrido ya lo suficiente?"

Los gemidos y quejidos de todas estas personas alrededor empieza a hacer eco y a resonar en mi cabeza hasta que es todo lo que puedo oír...

"¿Por qué Dios me puso aquí?"

EL LLANTO Y EL CRUJIR DE DIENTES • 49

"¿Dónde estoy?"

"No es mi culpa"

"Nadie me dijo alguna vez acerca de este lugar." "Nunca me sentí bienvenido es esa iglesia." "¡Es culpa de ese predicador!

"¡Es culpa de mis padres!

" ¡Es culpa de mi esposo!"

"¡Es culpa del sacerdote!"

"¡Es culpa de Adán y Eva!"

"¡Es culpa del Diablo!"

"Me dijeron que tendría relaciones sexuales con 70 vírgenes por una eternidad."

"¡Nunca tuve tiempo para Dios!"

"Nunca leí la Biblia."

"Nunca tuve una Biblia."

"No pude superar mi adicción."

"Dios nunca me amó."

"Los cristianos siempre juzgan la gente."

"Pensé que todos irían al Paraíso."

"Pensé que eso del Infierno, era un cuento."

"Nunca pude aceptar un Dios quien deja que la gente sufra." "Pensé que cuando muriera, sería reencarnado en alguien más."

"No creía que tenía que ir a la iglesia para ser salvo." "Pensé que una iglesia era tan buena como cualquiera." "Pensé que una religión era tan buena como cualquiera." "Pensé que un Dios era tan bueno como cualquiera."

"No estuve de acuerdo con todo en la Biblia."

"Pensé que el Infierno estaba en la tierra."

"No necesitaba la religión mientras que tuviera licor."
"Dediqué mi vida a la exterminación de la religión."

Pensé que el apóstol Pablo tenía perjuicios contra las mujeres." "Sentí que Dios pedía mucho de mí."

"Creí en los predicadores de la televisión. Les di miles a ellos para que Dios me bendijera. ¿Por qué estoy aquí?"

"Pensé que Jesús era para palurdos y gente corriente— usted sabe, gente sin educación.

"Dejé la iglesia porque era muy aburrida."

"Renuncié a la iglesia porque alguien hirió mis sentimientos." "Nadie fue capaz de sanarme, dieron que no tenía suficiente fe."

"Acepté a Jesús como mi Salvador personal, ¿Qué paso?" "Corté versos en la Biblia con los cuales no estaba de acuerdo."

"No sabía que estaba haciendo algo malo."

"Era una buena persona en la tierra; ¡Me merezco más que esto!"

Sique, y sigue. No creería los lloros, quejidos, y gemidos. Algunas personas lloraban por sus decisiones en vida mientras que otros, rechinan o crujen sus dientes en ira. No puedo más con esto y empiezo a gritar con las manos colocadas en mis oídos mutilados.

Una voz rompe el tormento. Es familiar, agonizantemente familiar.

"¿Papá?"

Mi hija, querido Dios, ella no. No mi hija.

Ella está diferente ahora. Ya no es mi niñita linda.

Está demacrada, vieja, cansada, fea, y monstruosa. ¿Ha

EL LLANTO Y EL CRUJIR DE DIENTES • 51

pasado tanto tiempo en la tierra? ¿He estado aquí por tanto tiempo?

"Bebé", lloro yo, "siento que este aquí. Traté de ayudar, pero nadie la advertiría, nadie me ayudaría a salvarla."

"¿Por qué no tomó a Jesús en serio?", llora ella con ira. "Todos pensamos que estaría en el Paraíso cuando muriera porque usted vivió una vida muy buena. Entonces, seguimos su ejemplo. Pero mi vida se volvió una decepción y tristeza, una después de la otra, ¡Todo por usted!"

Se volvió para irse, pero la llamé: "¿Dónde están sus hermanos? ¿Dónde está su madre y mis nietos?"

La criatura que fue una vez mi hija llora a los alrededores con saliva goteándole de su boca que se pudre. "Lo odian", chilla ella. "¡Todos lo odiamos a usted!" Más nunca quieren hablar con usted.

Me siento que no valgo nada; y tan solo cuando mi hija preciosa me deja. Nada duele más que las palabras de mi hija de odio y desdén. Mi propia familia me odia; así como yo odiaba a mi padre por lo que le hizo a mi madre y a mi hermana.

Verdaderamente éste es el peor castigo de todos. Luego caí en cuenta en algo. Todo lo que ella dijo, cada queja de las billones de personas atrapadas en la fosa, se centraban en una palabra singular: Yo.

Yo siento. Yo pienso. Yo creo.

En todo mi tiempo aquí, nunca he oído a nadie hablar de lo que Jesús enseñó, lo que Jesús creyó, y lo que Jesús sintió. Quizás ése es el porqué estamos todos aquí, sufriendo el tormento y la pena por la eternidad; en lugar de estar allá lejos.

Recuerdo una canción que cantamos mucho en la iglesia:

"Cuando la lista de asistencia es llamada en el mas allá, estaré allí."

Mis amigos y yo cambiábamos la letra y decíamos: "Cuando la lista de asistencia es llamada en el más allá, Usted estará allí" mientras apuntábamos hacia abajo; burlándonos de aquellos atrapados en Infierno. Pero ahora, no es chistoso. En algún lado del camino, mi nombre fue retirado del Libro de la Vida. No acabé de morir anoche. Morí hace mucho tiempo. Jesús era importante para mí; pero no lo suficiente para buscarlo con todo mi corazón y alma. Todavía puedo recordar esas palabras dichas acerca del Rey Roboam: "E hizo lo malo, porque no dispuso su corazón para buscar a JEHOVÁ. (2 Crónicas 12:14).

Conocí a muy poca gente en la vida quienes fueron así de serios en cuanto a Jesús. Rara vez oí Su nombre mencionado en público; a menos que fuera usado como un dicho. Cada vez que miro hacia atrás, a mi vida, empiezo a pensar acerca de mis deseos. Disfruté el mundo y el ganar dinero; aun si hacía trampa y mentía. Amaba el golf. Amaba a mi familia; pero muy pocas veces tenía tiempo para ellos. Era un hombre orgulloso quien buscó el ser notado, las riquezas, el confort, y el respeto. Leí muchos libros y estaba bien educado. Me enorgullecía de saber muchas cosas. Tenía opiniones para todo. Pero realmente, nunca puse mi corazón en buscar al Señor. Solo fui a la iglesia para escaparme del Infierno.

Oh Dios, ¡Ahora entiendo! ¡No solo hablaba de Roboam! ¡También hablaba de mí!

LO QUE FALTA

Hay ocasiones cuando puedo reflexionar en mi vida pese al dolor constante; pero hace a mi sufrimiento aun peor. Caí de cuenta un día—o anoche, no estoy seguro—de todo lo que faltaba en esta existencia.

No hay color aquí, a menos que sea gris, negro, y una perpetua que lo excita a uno. Todo lo que Dios creó para nosotros, para nuestro disfrute, no existe en la fosa. Todo lo bueno falta. Nadie festeja. Las drogas, el alcohol, las píldoras: las cosas que la gente usa en vida para dormir la pena, están ausentes. Los vicios que permitieron que muchas de estas almas escaparan de la realidad no los pueden ayudar más.

¡Cómo deseo una bebida de agua fresca o la simple habilidad de respirar aire fresco! Recuerdo cómo disfrutaba ir de pesca: El olor del lago y los árboles. Sentir el bote meciéndose gentilmente en el agua, la brisa fresca, y el brillo del sol a mi alrededor. Luego habían las emociones de capturar un pez y la excitación de llevar a casa la presa del día. Las historias y amistades nacidas de esos simples momentos se han ido.

El olor de una barbacoa familiar, el sabor de las hamburguesas y de las papitas; y la anticipación de una comida preparada en casa, ha sido reemplazada por la fetidez del humo y de carne quemándose. Ahora, en lugar de satisfacer mi apetito, quiero vomitar. En lugar de relajación, estoy constantemente exhausto. En lugar de gozo, hay dolor—dolor horrible y sufrimiento.

Los días de fiesta, los cumpleaños, y los aniversarios, no significan nada aquí. Los sentimientos de una gran anticipación son reemplazados por un vacío. Alguien alguna vez dijo: "Puede vivir un mes sin comida, tres días sin agua, y tres minutos sin aire. Pero no puede vivir tres segundos sin esperanza."

No hay esperanza aquí abajo. Sufrimos y sangramos una, y otra vez. Deseo por Dios que pudiéramos morir.

Aquí, nuestros cuerpos y almas están expuestos para que todos los vean y los juzguen. Solía con ganas mirar a imágenes de mujeres desnudas para mi propio placer. Aquí, sin embargo, todos estamos desnudos; y es la vista más fétida y fea. Estamos envueltos en vergüenza y auto-odio; con nada en qué escondernos. Cada pulgada de nosotros es puesta al desnudo para ridiculizar y torturar. Nuestras heridas nunca son vendadas, nuestra depresión y ansiedades no son tratadas.

¡Qué daría por sentir algo además de dolor y tortura! El toque de otro humano o un niño para abrazar. ¡Ánimo y risa, compasión, perdón, respeto, inocencia, excitación! Un beso o un abrazo…Todos esos sentimientos cálidos y suaves faltan aquí abajo. También falta todo lo bueno, lo sano, y lo valioso.

LO QUE FALTA • 55

No hay niños aquí. Nada que nos recuerde lo que es 'bueno" de hecho.

No faltan la mayoría de los líderes del mundo, reyes, gigantes financieros, filósofos, predicadores, profesores, actores, y hipócritas. Aquellos quienes pensaron que reinaban en el mundo, en la iglesia, o en las industrias, están bien representados en la fosa. Los idealizamos a todos en vida; imitando y juzgado cada movimiento que hacían. Los adorábamos.

Al ver a todas estas personas importantes encarceladas junto a los más ordinarios pecadores, me acuerdo de algo que mamá siempre me decía: "Porque, ¿qué aprovechará al hombre si gana todo el mundo y pierde su alma?¿O qué recompensa dará el hombre por su alma?" (Marcos 8:36-37).

Pensé que podía tenerlo todo. ¡Qué equivocado estaba! Me perdí de tantas cosas. Cosas simples que no valoré: Una sonrisa, la habilidad de dormir y soñar. Comer y beber, ir a donde quiera ir, hacer lo que quiera. ¡Extraño mi libertad!

La peor prisión en la tierra no es nada comparada a esto. Había un sacerdote de prisión en la iglesia a la cual yo iba, pero nunca quise participar. ¿Quién quiere estar con esa clase de mugre?

Lo tienen muy fácil en la prisión. ¿Por qué molestarse en tratar de enviar a un predicador para salvar sus almas miserables?

Deseo que alguien viniera para salvar nuestras almas ahora. El único predicamento que alguien recibe aquí abajo es acerca de nuestra condena.[1]

Todo lo bueno y disfrutable en la vida falta aquí. Todo lo que queda es porquería, tristeza, y temor. Más que todo, hay remordimiento. Remordimiento por lo que se hizo en vida, pero también por lo que fallamos en hacer. ¡Solo deseo que yo también faltara de este lugar!

Notas

1. 1 Pedro 3:19

EL SUCESO

Hay un gran ruido que viene todo al mismo tiempo. Es tan profundo como ensordecedor. El piso tiembla y algunas rocas caen de arriba. Todos empiezan a correr. Algunas personas se tropiezan en la locura. Algunos son aplastados por escombros. Todos sabemos que algo horrible va a pasar. Escalofríos bajan por mi columna vertebral; un presentimiento de algo que vendrá.

Luego el cielo de la tierra es rasgado y la gente en todas partes empieza a quemarse. Abajo, deseamos que las rocas y las montañas de la tierra cayeran sobre nosotros; que nos salven de la cremación de los vivos.[1] Nada, sin embargo, ahoga los gritos de los condenados. El Paraíso está siendo vaciado.[2]

No todos son destruidos. Algunos son levantados al aire para encontrarse con Jesús. Los justos están estirando sus manos para unirse al Señor.[3] Pocos son sus números, tan pocos.

La tierra, las estrellas, y los planetas, explotan a mismo tiempo. Las galaxias empiezan a colapsar entre ellas mismas—billones de ellas, dejan de brillar. El fuego y la destrucción están en todas partes. Finalmente, el universo regresa a lo que originalmente fue: ¡Nada![4]

De repente, somos transportados a un lugar peor que nuestra prisión anterior. Estamos delante de un gran trono blanco[5] y la luz ante nuestros ojos nos ciega con un olor muy agudo. Estuvimos en la oscuridad tanto tiempo, que no podemos soportar mirar la luz. Cuando mis ojos se ajustan, una escena increíble es puesta ante mí. No puedo describirla con palabras porque es la bondad personificada.

Todos los santos de Dios son acompañados ante el gran trono, no para ser juzgados; mas para ser glorificados por Dios. Es similar al sol brillando en la luna de noche. La luna no tiene gloria por sí misma, pero recibe su esplendor del sol. Los santos son humildes y puros; haciendo reverencia ante el brillo de su rey.

Ahora me doy cuenta de que la calle de oro y las puertas de perlas, no son la referencia de un lugar. En cambio, se refiere a la gente de Dios.[6] Con vergüenza, me escondo ante la visión como un vagabundo acobardándose en la oscuridad. Cómo quiero estar con ellos, arrodillándome a los pies de Dios.

Pude haber estado con ellos. Pude haber estado entre los pocos santificados; pero el vejo mundo y sus tentaciones fueran más importantes. Cuelgo mi cabeza en desesperanza.

Luego Jesús apareció. Todos hicimos reverencia y confesamos a Jesús Cristo como el Señor.[7] ¡Muchos empiezan a susurrar que éste es el momento! Jesús nos salvará ahora que hemos aprendido el error de nuestras vías.

El resto de nosotros, sin embargo, sabía que algo peor nos esperaba. Todos tiemblan de miedo porque nadie sabe qué esperar ahora. En desesperación, declaramos que Jesús es el Señor. Una, y otra vez gritamos esta verdad hasta que el vacío es llenado con nuestras voces. Nos segamos con esperanza de redención, pero no viene. En su lugar, nos enfrentamos a nuestro juicio final.

Nuestros lloros de fe y esperanza son silenciados cuando cada uno de nuestros pecados son mostrados antes nuestros ojos. Estamos siendo juzgados por las obras, o la falta de éstas; las cuales cometimos en vida.[8] Todos nosotros debemos rendir cuentas por cada palabra descuidada que vino de nuestra boca; así como cada pensamiento nacido de nuestros corazones inicuos.[9]

No sé cómo, pero vemos cada pensamiento y obra inicua de cada persona tan rápidamente, como un rayo de luz; aunque se siente como una eternidad. Es la experiencia más vergonzosa, repulsiva, y asquerosa que jamás haya tenido. Quiero morir, enterrarme a mí mismo en un hueco, y olvidar lo que acabo de ver. ¿Por qué Dios dejaría que todos vean cada vistazo, cada pensamiento, cada mentira, y cada pecado?

Escondí tantas cosas en vida; manteniendo tanto secretos para evitar la vergüenza o el oprobio Otros también guardaron silencio en cuanto a las cosas horribles que hice. Culpé a todos por mis malos pasos y pensé que si las cosas permanecían escondidas, me habría salido con la mía. Pero no fue así. Creí que viví una vida lo suficientemente buena para ir al Paraíso; pero no fue así.

Ver mis propios crímenes escritos en el cielo me horrorizaba; pero luego vi los pecados de mi esposa y de mis hijos. ¿Cómo pudieron haber hecho eso? ¿Cómo podían ellos hacer tales cosas terribles? Luego veo lo que mis amigos pensaban de mí; lo que dijeron a mis espaldas. ¿Cómo podían mis amigos más cercanos, la gente quien mejor me conocía, pensar cosas tan bajas de mí?

No estamos solos en nuestros pecados. Aun la gente más reverenciada y "santurrona" de la historia, no era mejor que el resto de nosotros. La mayoría de mis héroes no eran más que basura; escondiéndose detrás de fachadas ficticias de justicia. ¡Todos son mentirosos y pecadores! ¡Todos ellos! Solo aquellos quienes amaban al Señor con todo su corazón y alma, se escaparon de este gran espectáculo de humillación.

Con una expresión de ira y tristeza, Jesús me habla ahora que las imágenes han pasado. "Sé sus obras: Usted no es ni frío, ni caliente. ¡Usted no era ni frío ni caliente! Entonces, porque usted es tibio; ni frío ni caliente, lo vomitaré fuera de mi boca. Porque usted dice: Soy rico, he prosperado, no necesito nada; sin darse cuenta de que usted está miserable, da lástima, es pobre, es ciego, y está desnudo.[10]

"Usted sabía la verdad, pero no se la dio a los demás. Usted sabía bien las vías del mundo. Quería ser un hombre de negocios exitoso. Yo le di ese éxito, pero usted nunca quiso conocerme. Tuvo 43 biblias en su vida pero nunca buscó alimento espiritual. Cuando usted no fue fructífero en mi reino, le rogué a mi Padre que le diera más tiempo. Eventualmente Lo hizo. 'Destiérrelo. Solo está ocupando un asiento.'"[11]

"Pero Señor", le rogué, "¿No serví en la iglesia como

diácono? ¿No trabajé en el banco de comida local? Usted sabe que no era bueno salvando almas. Aun admito que yo no era fácil de llevar, pero, ¿Soy tan malo como estos otros quienes mataron a millones de su gente?"

Él contesta: "Nunca lo conocí; váyase de mi lado, ustedes obradores de iniquidad."[12]

"Pero Señor Jesús, ¿Por qué estoy sufriendo más que los demás?"

No responde inmediatamente y siento el peso de su silencio aplastándome. Finalmente, me habla.

"Usted supo lo que se requería de usted. Fue criado por una madre santa, sin embargo, no me tomó en serio. Su justicia nunca excedió a la de los fariseos de mi época.[13] Hay billones de almas deseando haber oído todo lo que se le enseñó a usted. Le digo, será mejor para los habitante de Sodoma y Gomorra que lo que será para usted."[14]

"Pero, "Por qué Señor? ¿Por qué? susurré en terror.

Hijo, a quien mucho le fue dado, mucho se requerirá de él. De usted, quien mucho le ha sido confiado, esperaba mucho más."[15]

Notas

1. Apocalipsis 6:16
2. 1 Pedro 3:18
3. 1 Tesalonicenses 4:13-17
4. 2 Pedro 3:10-13
5. Apocalipsis 20:11-15
6. Apocalipsis 21:9-27
7. Filipenses 2:10-11
8. Apocalipsis 20:12
9. Mateo 12:36

10. Apocalipsis 3:15-17
11. Lucas 13:6-9
12. Mateo 7:23
13. Mateo 5:20
14. Marcos 6:11
15. Lucas 12:47-48

EL PRINCIPIO DEL FIN

Sus palabras me hirieron más que los demás tormentos que he experimentado hasta ahora. Es la clase de dolor que pega profundo y retuerce como mil cuchillos. Ésas son las palabras que llevaré conmigo a mi tormento final por toda la eternidad.

Si solo pudiera ir atrás a la noche antes de morirme. Hubiese hecho una súplica tan aterradora, tan desgarradora, que alguien hubiera escuchado. Sé ahora que merezco estar aquí; pero quizás pude haber salvado a mi familia de este destino horrible.

Recuerdo esa noche muy claramente. Quería decir algo, pero tenía tanto dolor, que lo demás parecía sin importancia. No sabía lo que era el dolor en aquel entonces. Debí haber dicho algo. Deseo por Dios que mi último aliento hubiera sido: "Sálvense a sí mismos."

"Señor", lloré "Usted puede hacer cualquier cosa. Deme una oportunidad de vivir de nuevo. Déjeme tener otra oportunidad. Esta vez, lo amaré con todo mi corazón y alma. Nada me detendrá de hacer su voluntad. Le diré a todos acerca de usted."

El silencio es la única respuesta a mi oración. "Por favor" susurré, "Déjeme al menos regresar a mi última noche en la tierra. Déjeme ver la cara de lágrimas de mi hija y decirle que estaba equivocado. Déjeme decirle a mis hijos que no cometan los mismos errores que yo. Déjeme decirle a mi esposa cuánto lo siento. Déjeme..."

De repente, dos de los ángeles de Dios vienen hacia mí. No son bebitos con alas o mujeres hermosas. Los artistas estaban equivocados. Son como guerreros, criaturas temibles. Me recordaron con voces que ensordecían mis oídos: "Es necesario que el hombre muera una vez; y después de eso, viene el juicio."[1]

Nos son misericordiosos. Son sordos a mis súplicas y gritos. Juntos, me levantan y me echan en un remolino de fuego y oscuridad.[2] Es un océano de almas condenadas quemándose, gritando, y sofocándose por la eternidad. Hubiera dado mi ojo derecho por haber sabido que esto iba a pasar. ¡Qué cambios hubiera hecho en mi vida si hubiera sabido que esto me esperaba!

No hay fondo en esta tormenta de almas. Sigo cayendo hacia mi condenación final; sin poder halar aire hacia mis pulmones; o calmar el rugido de mi estómago. "Oh Dios, ¡Nunca me hubiera imaginado algo peor que el lugar de tormentos!"

No puedo dejar de gritar y llorar. El miedo y la ansiedad explotan dentro de mí. Al penetrar en medio de la oscuridad, encuentro llamaradas azules y calientes que no puedo ver;

EL PRINCIPIO DEL FIN • 65

pero que queman mi alma misma. Me estoy ahogando en mi dolor, sofocado por un humo invisible y agrio.

¿Por qué Dios? ¿Por qué debo sufrir tal tortura?"

"Sin embargo, no hay final para este tormento. Me quemo, pero nunca muero. Me sofoco pero no puedo dejar de gritar. No me pregunte cómo, porque no puedo explicar este horror. Los gusanos y las larvas se menean adentro y afuera de mis restos carbonizados. Es el más horrible y atemorizante sueño del cual no puedo despertar.

Solo sigo cayendo sin descanso. Nunca alcanzaré el fondo.

El dolor nunca mermará. Mis pulmones nunca se llenarán. Nunca me detendré, y nunca saldré de aquí.

Al caer, los demonios me alcanzan y torturan mi mente

y mi carne. Los demonios, peor que ninguno de los que conocí en la fosa, muerden, puyan y me apuñalan cuando caigo abajo, abajo, abajo.

¿No estaba este lugar preparado para ellos? ¿No es este su prisión? ¡¿Por qué yo estoy aquí entre ellos?!

En medio del dolor, una memoria del joven predicador al cual odié se eleva a mis pensamientos. Mantenía advirtiéndonos al citar este pasaje una, y otra vez: "Apartaos de mí, malditos, al fuego eterno preparado para el diablo y sus ángeles" (Mateo 25:41).

Odio el hecho de que ese joven predicador tenía razón. Odio a Dios por colocarme aquí. Odio al Diablo por mentirme.

Odio a todos. Espero que todos los hombres, mujeres, y niños, tengan que sufrir como yo. Odio que hubiese nacido. Odio a mi padre; cómo espero que esté siendo castigado a décluplo. Espero que cada sacerdote que habla suave y que los líderes religiosos estén retorciéndose en una agonía inimaginable. Realmente espero que Joe sea un bufé para los gusanos ahora mismo. Quiero a mi madre. ¡Oh Dios! Deseo poder estar con ella. Deseo que ella pudiera despertarme de esta terrible pesadilla; y que me tome en sus dulces brazos; y que me prometa que nada malo pasará jamás.

¡Haga que se detenga mamá! Trato de gritar estas palabras; pero salen ahogadas y débiles. "Por favor, Dios, lo siento tanto. Por favor, déjeme ver a mamá solo una vez más. Déjala que sostenga mi mano de nuevo y que me lleve a la iglesia. Me encantaría escucharla leyendo la Biblia antes de que me lleve a la cama. Cuando tenía una pena o estaba en problemas, ella siempre lo arreglaba. Por favor, mamá, estoy en grandes problemas. Memorizaré más escritures para usted. Quiero oír su dulce voz de nuevo. Tengo tanto miedo y estoy solo. Siento tanta pena. ¡Ayúdeme mamá! Por favoooooooooooor!

La verdad es que nunca veré a mi madre o a mi hermana de nuevo. Nunca veré a nadie bueno de nuevo. Desperdicié todas mis oportunidades y tiré la gracia de Dios. Desperdicié mi vida. Solo ahora me doy cuenta de que el amor más importante en la vida de un hombre es su Dios, su Creador. Dios, el Padre quien inhaló en mi cuerpo el suspiro de vida; una parte de Él mismo. El que nos amó tanto, que dio a su hijo unigénito.[3] Si solo hubiera amado a Dios tanto como amé a mi mamá y mi familia. Amaba jugar golf más de lo que amé

el que murió por mí.

¡Oh Dios... Oh Dios....Oh Dios!

Espere. ¿Qué es eso cayendo en dirección a mí? Es enorme y viene hacia mí como una bala. Su cara...su cara es aterradora. Está mutilado y podrido; cubierto de pústulas oxidantes mientras que su boca escupe fuego. Mi oídos se revientan y mi nariz sangra. ¡Mi corazón late tan rápido que está a punto de explotar!

Oh Dios, ¿Qué es ese olor? Es tan fuerte que puedo saborearlo; la hiel se eleva a mi garganta.

Todo es tan oscuro...tan humeante...pero el demonio es claro como el agua. Todo se mueve tan rápido, aun lentamente; todo al mismo tiempo.

Luego me doy cuenta de que no es un demonio ordinario. Es él...¡Satanás!, el gran dragón de la antigüedad.[4] El que me odió casi tanto como Dios me amó. Ahora viene directo hacia mí.

La quijada de la criatura se abre al acercarse revelando los fragmentos de sus víctimas recientes. Gotea sangre y hiede a muerte.

Se acerca más y más; moviéndose cada vez más rápido... No, Dios ¡!NO!!

!!!!!Nooooooooooooooo!!!!!

Ayúdenme.

Notas

1. Hebreos 9:27
2. Mateo 5:29-30
3. Juan 3:16
4. Apocalipsis 20:2

LA CONCLUSIÓN

Buscad a Jehová mientras puede ser hallado; llamadle en tanto que está cercano. Deje el malvado su camino y el hombre inicuo sus pensamientos; vuélvase a Jehová, quien tendrá de él misericordia, y al Dios nuestro, quien será amplio en perdonar. Porque mis pensamientos no son vuestros pensamientos, ni vuestros caminos mis caminos, dice Jehová. Como son más altos los cielos que la tierra, así son mis caminos más altos que vuestros caminos, y mis pensamientos más que vuestros pensamientos. Porque como desciende de los cielos la lluvia y la nieve, y no vuelve allá, sino que riega la tierra y la hace germinar y producir, y da semilla al que siembra y pan al que come, así será mi palabra que sale de mi boca; no volverá a mí vacía, sino que hará lo que yo quiero y será prosperada en aquello para lo cual la envié.

— Isaías 55:6-11

Alguien dijo alguna vez: "Era más fácil cuando pensaba que creer en Jesús y guardar los Diez Mandamientos aseguraría mi salvación. Luego empecé a estudiar la Biblia, y mi mundo se volvió al revés."

El tesoro más grande que tenemos en la tierra no está hecho de plata y oro. Es la verdad de la Palabra de Dios; y La palabra de Dios es Jesús (Juan 1:1). Hombres y mujeres, educados y sin educación, han tratado de desmentir La Biblia, de discutir en contra de Dios y de desacreditar a Jesús. Sin embargo, no hay otro centro en qué fiarse para la verdad. Todo lo demás viene del hombre.

No podemos encontrar la realidad en esta vida, pero más allá de la tumba. Su alma vive dentro del cuerpo humano temporalmente. Debe poner su corazón para buscar al Señor hoy, no mañana. Si lo ama con todo su corazón y alma, entonces su deseo más grande será creerle y obedecerle. Al continuar a estudiar La Biblia, aprenderá lo que debe hacer para ser salvo. Si escoge escuchar a los líderes religiosos del mundo, oirá una cosa: si busca la Palabra de Dios, hará otra cosa. Como dijo alguien una vez: "Es más fácil creer una mentira que ha oído mil veces, que creer la verdad que solo ha oído una vez."

Recuerde, si usted hace lo que hicieron en la iglesia del primer siglo, puede lograr los triunfos que ellos lograron. Usted también puede ser uno de los pocos quien se ha dedicado solo al Señor y ser salvos. Dios lo ayudará si empieza ahora a "poner su corazón a buscar el Señor." Pídale a Dios que lo ayude a encontrar la verdad acerca de Jesús, de la salvación, y de su reino. Dígale que no quiere ser engañado por falsos maestros.

Estudie su Palabra. Empiece con Génesis o Mateo y lea al menos un capítulo cada día. Cuando interprete las escrituras, siempre lea cada sección enteramente. Entienda el contexto del segmento. De esta manera, su Palabra empezará a cambiar su vida. Si se compromete a buscar a Dios con todo su corazón, su vida cambiará por completo; y solo para mejorar. Se asombrará de dónde su jornada con Jesús lo llevará.

En Lucas 10:25-28, un abogado le pregunta a Jesús: "Maestro, ¿qué debo hacer para heredar la vida eterna? Y él le dijo: ¿Qué está escrito en la ley? ¿Cómo lees? Y él, respondiendo, dijo: Amarás al Señor tu Dios con todo tu corazón, y con toda tu alma, y con todas tus fuerzas y con toda tu mente; y a tu prójimo como a ti mismo. Y le dijo: Bien has respondido; haz esto y vivirás."

Jesús lo ama con todo su corazón y alma. ¿Por qué otro motivo murió Él por usted? Si quiere vivir para siempre, debe aprender a confiar y a obedecerlo.

Lo más importante, no deje para después su educación espiritual. Considere a las escritura usadas en este libro como una llamada a despertar del Señor. Después de todo, pudiera no tener nunca esta oportunidad de nuevo. Reflexione en estas palabras de Hebreos 3:14-15: "Porque somos hechos participantes de Cristo, con tal que conservemos firme hasta el fin el comienzo de nuestra confianza, entre tanto que se dice: Si oyereis hoy su voz, no endurezcáis vuestros corazones..."

Hágase a sí mismo cada día esta pregunta; porque pudiera ser la más importante de su vida:

¿Dónde estaría si hubiese muerto anoche?

www.ingramcontent.com/pod-product-compliance
Lightning Source LLC
Chambersburg PA
CBHW071541080526
44588CB00011B/1750